Maria Luisa Banfi

DELITTO
in PIAZZA del CAMPO

Redazione: Jana Foscato, Donatella Sartor
Progetto grafico e direzione artistica: Nadia Maestri
Grafica al computer: Veronica Paganin
Illustrazioni: Gianni De Conno

Saremo lieti di ricevere i vostri commenti o eventuali suggerimenti, e di fornirvi ulteriori informazioni sulle nostre pubblicazioni:
info@blackcat-cideb.com

Le soluzioni degli esercizi sono disponibili sul sito:
www.blackcat-cideb.com

ISBN 978-88-530-0055-2 libro + CD

Stampato in Italia da Litoprint, Genova

INDICE

Testo integralmente registrato.

 Questi simboli indicano l'inizio e la fine delle attività di ascolto.

 Questo simbolo indica gli esercizi in stile CELI 2 (Certificato di conoscenza della Lingua Italiana), livello B1.

CAPITOLO 1

IL BUONGIORNO SI VEDE DAL MATTINO

N ella camera numero 21 dell'Hotel Duomo, il telefono squilla già da un po' quando, finalmente, una mano alza il ricevitore.

– Sì? Pronto!

– Ferretti! Sveglia!

– Che ore sono?

– Le dieci!... Ferretti, devi fare subito un servizio. [1]

---

1. **servizio** : articolo o reportage giornalistico scritto da un inviato o da un collaboratore.

– Un servizio? Capo, hai sbagliato giorno, il Palio è fra una settimana.

– No, non ti chiamo per il Palio; stanotte c'è stato un omicidio, lì, a Siena.

– Io sono qui per il Palio, non mi occupo di cronaca nera. [1] Scrivo solo articoli di costume, [2] non mi interessano gli omicidi. Manda qualcun altro.

– Non posso, Ferretti! Il caso è tuo. Prepara un articolo per stasera e cerca di inviarci aggiornamenti tutti i giorni. A presto e buon lavoro!

Questo nuovo incarico stupisce molto Ferretti che rimane con il ricevitore in mano.

Paolo Ferretti lavora da circa dieci anni per un quotidiano a tiratura nazionale. [3] È un personaggio molto originale: sulla cinquantina, scapolo, basso di statura, piuttosto grasso e con un principio di calvizie; non possiede certo un fisico atletico e non si può definire un bell'uomo; nonostante ciò è sempre circondato da belle donne. Lo si incontra ai ricevimenti importanti, alle sfilate di moda e alle inaugurazioni, dove è sempre al centro dell'attenzione.

---

1. **cronaca nera** : informazione su delitti, incidenti e crimini.
2. **articoli di costume** : articoli su curiosità, comportamenti e abitudini sociali.
3. **a tiratura nazionale** : distribuito su tutto il territorio nazionale.

Comprensione

1 **Rileggi il capitolo e rispondi alle seguenti domande.**

1. Che mestiere fa Ferretti?
2. Che ora è?
3. Dove si trova?
4. Qual è la reazione di Ferretti al nuovo incarico?
5. Di che cosa si occupa normalmente Ferretti al giornale?
6. Per quale tipo di giornale lavora Ferretti?

2 **Compila la tabella indicando le espressioni che si riferiscono al delitto e quelle che si riferiscono alla professione di Ferretti.**

Delitto	Professione di Ferretti

3 Osserva il disegno. Trova ciascun oggetto, servendoti delle parole qui sotto elencate.

letto   cuscino   cassettiera
comodino   poltrona   armadio   quadro
divano   pantofole   specchio   libreria
sedia   finestra   lampada
tappeto   tavolino

4 Che ora è? Osserva i seguenti orologi e scrivi sotto a ciascuno l'ora esatta.

1. ....   2. ....

3. ....

4. ....   5. ....

Siena a cavallo tra modernità e tradizione

Nel corso dei secoli la città è sempre stata un esempio di indipendenza e vitalità culturale e politica.

Le 17 contrade in cui è suddivisa sono come piccoli paesi: hanno una chiesa, un museo, sedi storiche e un circolo.

La contrada è vissuta dai senesi come il prolungamento della propria casa. Gli abitanti della contrada, contradaioli, fanno parte di un'unica grande famiglia. Le attività ricreative sono numerose e continue: balli e iniziative per giovani, donne e anziani.

Piazza del Campo

La città è da sempre una meta turistica e lo dimostrano i 300 000 visitatori che ogni anno attraversano Piazza del Campo e i 3 000 studenti iscritti alla sua Università per stranieri.

Nel 1995 l'Unesco ha nominato la città di Siena patrimonio dell'umanità.

Nel 1997 ha ricevuto il primato di città toscana per la migliore qualità della vita: i suoi 58 000 abitanti hanno il reddito più alto e la tecnologia è all'avanguardia.

Forse il segreto di Siena, chiusa tra mura medievali, è proprio nell'unione tra tradizione ed evoluzione sociale, tra campanilismo [1] e turismo internazionale.

Siena dall'alto: in evidenza la Torre del Mangia

---

1. **campanilismo** : forte legame alle tradizioni della propria città.

CAPITOLO 2

CHE DELITTO NON ASSAGGIARE IL PANFORTE!

C he brutto risveglio! Ferretti si alza faticosamente dal letto. Centoventi chili di peso non sono uno scherzo, ma per lui da sempre grasso è un'abitudine. Non ricorda infatti di essere mai stato magro.

Avvolto in una vestaglia di seta blu, si siede su una poltrona e ordina la colazione per telefono:

— Sono Ferretti, vorrei un cappuccino con molta schiuma e

una spruzzata di cacao amaro, tre bomboloni alla crema e due cornetti salati con prosciutto crudo di Parma. Ah, dimenticavo, ci sono notizie dell'omicidio di stanotte?

– Certo, signor Ferretti, tutta Siena parla dell'omicidio, una cosa terribile e, con la corsa del Palio, una tragedia! Provvediamo [1] subito a portare la colazione.

Quando arriva la colazione il giornalista è ancora seduto. Con aria pensosa si liscia la barba [2]; in fondo non sarà poi così difficile scrivere un articolo sull'omicidio.

Quando torna il cameriere per ritirare il vassoio, Ferretti gli chiede: – Sai dov'è avvenuto l'omicidio?

– Sì, signore, in Piazza del Campo, sui palchi [3] sistemati per il Palio. Hanno ucciso una donna con una pugnalata al cuore. L'hanno trovata in una pozza di sangue.

– E chi è?

– Non so. Dicono che è dell'ambiente dei cavalli e che l'assassino ha lasciato la sua firma. Sull'impugnatura [4] dell'arma sono incise delle iniziali, probabilmente quelle dell'assassino. Ah! Ora devo andare. Buona giornata, signore.

– Grazie a te, ragazzo.

Dopo aver consumato la colazione, esce indossando un

---

1. **provvediamo** : ci occupiamo.
2. **si liscia la barba** : si tocca la barba.
3. **palchi** : gradini di legno dove siedono gli spettatori.
4. **impugnatura** : manico (del pugnale).

completo di lino bianco e un panama, [1] un fazzolettino di seta nel taschino della giacca e scarpe bicolori.

Egli tiene molto alla sua immagine, [2] ha una grande passione per i vestiti su misura [3] che acquista da un famoso sarto romano.

Le scarpe, anch'esse su misura, provengono dalla vecchia bottega [4] di un calzolaio di Milano, mentre un laboratorio di speziali [5] di Firenze prepara il suo profumo.

Ferretti si dirige allora in Piazza del Campo, luogo del delitto.

La zona dei palchi, delimitata da nastro rosso e bianco, è sorvegliata da una decina di poliziotti. Molta gente gira per la piazza; i turisti stranieri osservano senza capire granché e continuano a scattare foto.

Prima di iniziare le indagini, Ferretti decide di bere un buon caffè ed entra in uno dei bar della piazza.

1. **panama** : cappello maschile di paglia bianca.
2. **tiene... immagine** : dà importanza al suo aspetto.
3. **su misura** : fatti apposta per il cliente, sulle sue misure.
4. **bottega** : laboratorio artigianale.
5. **speziali** : venditori di spezie, profumi, erbe medicinali.

Delitto in Piazza del Campo

Sui ripiani a fianco del bancone [1] sono esposti i panforti. Ferretti non sa se prendere una fetta di panforte nero, "il classico", oppure il tipo bianco, più dolce con agrumi canditi e pasta di mandorle. Che dilemma! [2]

Ferretti si siede a un tavolo fuori, sulla piazza, e ordina un caffè macchiato e due fette di panforte, una nera e una bianca, perché – pensa tra sé – sarebbe un delitto [3] non assaggiare le due specialità! [4]

---

1. **bancone** : lungo tavolo che, nei negozi, separa i venditori dal pubblico.
2. **dilemma** : problema difficile da risolvere.
3. **delitto** : (fig.) errore imperdonabile, un peccato.
4. **specialità** : prodotto tipico della zona.

Comprensione

1 Completa l'identikit di Ferretti, indicando con una ✗ l'espressione che lo descrive.

1. Pesa
   - a. ☐ 150 kg
   - b. ☐ 120 kg
   - c. ☐ 110 kg

2. Ha
   - a. ☐ la barba
   - b. ☐ i baffi
   - c. ☐ il viso rasato

3. Indossa
   - a. ☐ un cappello di paglia
   - b. ☐ un berretto
   - c. ☐ un passamontagna

4. Preferisce comprare i vestiti
   - a. ☐ a buon mercato
   - b. ☐ su misura
   - c. ☐ nei grandi magazzini

5. Porta
   - a. ☐ scarpe di pelle
   - b. ☐ scarpe bicolori
   - c. ☐ scarpe da tennis

6. Nel taschino della giacca porta
   - a. ☐ gli occhiali da sole
   - b. ☐ le sigarette
   - c. ☐ un fazzolettino di seta

2 **Quale di queste tre mostre preferirebbe Ferretti?**

1. ☐

   Panforte nero e bianco, bomboloni alla crema, cornetti, crostate, panettoni, torte alla frutta, alla crema, al cioccolato e alla ricotta sono i protagonisti della Fiera del dolce a Firenze. Golosità italiane da gustare e acquistare al Caffè del Centro per le prossime due settimane.

2. ☐

   Dal martedì alla domenica della prossima settimana si terrà la 9° edizione della Fiera di Primavera, una grande mostra internazionale di articoli da regalo, oggetti per la tavola e arredi.

3. ☐

   "Quando i ristoranti sembrano salotti" è una mostra davvero curiosa, dove potrete vedere la ristrutturazione di un'antica osteria emiliana, di una tipica trattoria romana e di un albergo-ristorante toscano.

Produzione orale

1 **Immagina di sostenere un colloquio di lavoro per entrare in un giornale.**

Presentati, elenca i tuoi titoli di studio e descrivi le tue passate esperienze lavorative.

Spiega perché ti piacerebbe fare il giornalista e di cosa ti vorresti occupare.

Chiare fresche e dolci acque...

Siena ha sempre sofferto della scarsità d'acqua; nel Medioevo sono stati creati oltre 24 km di acquedotti sotterranei, detti "bottini".

Scopriamo, allora, la città attraverso le sue fontane.

Il nostro itinerario parte da Piazza del Campo.

Nella piazza, a forma di conchiglia, si corre il Palio e si trova una delle più celebri fontane-simbolo della città: la *Fonte Gaia*, che dal 1343 porta l'acqua fino nella piazza.

Fonte Gaia, *una delle fontane simbolo di Siena*

Le cronache del tempo testimoniano di cortei e grandiosi festeggiamenti per celebrare l'evento.

Il Palazzo Pubblico e il Museo Civico che si affacciano sulla piazza ospitano celebri affreschi di Simone Martini e Ambrogio Lorenzetti. Dalla *Torre del Mangia* (alta 102 m.) si domina la città e la campagna circostante. Poco distante troviamo la *Fonte del mercato vecchio* dove, fino al dopoguerra, le donne facevano il bucato.

Anche la *Fonte del Casato* ha un passato curioso: costruita sotto la strada, non risulta visibile. Per questo nel XVI secolo una spia fiorentina, inviata

Fonte del mercato vecchio

dalla città rivale per disegnare una mappa delle fontane delle quali avvelenare l'acqua, non la vide.

L'imponente *Fontebranda* è il cuore e il simbolo della contrada dell'Oca. Secondo la tradizione le sue acque alimentano la pazzia dei senesi dai tempi del Palio. Da qui parte la strada in salita che porta alla basilica di San Domenico che ospita le reliquie di Santa Caterina, patrona d'Italia.

Fontebranda

CAPITOLO 3

UNA CONVERSAZIONE INTERESSANTE

Ferretti! Cosa fai qui, a Siena?

– Oh, avvocato Termoli, che piacere, prendi un caffè con me?

– Volentieri, grazie. Brutta storia questo omicidio.

– Io veramente non so ancora niente, ma sono qui per raccogliere notizie e scrivere un articolo per il giornale.

– Da quando ti occupi di cronaca nera?

– Da stamani [1], strano vero?

---

1. **stamani** : questa mattina.

— Sì! Nell'omicidio sono coinvolte [1] molte persone in vista qui a Siena.

— Davvero? Racconta!

— L'identità della vittima è ancora sconosciuta. La polizia non ha trovato i suoi documenti. Non deve essere una di qui. [2] Invece l'assassino è uno del posto sicuramente. La polizia non ha ancora rivelato il suo nome, ma le tracce portano tutte a una persona di spicco della nobiltà senese.

— Se non sbaglio, la polizia ha trovato l'arma del delitto. Un pugnale con delle iniziali.

— Sì, sull'impugnatura del pugnale, un oggetto antichissimo e prezioso, sono incise due G e anche uno stemma. [3] Lo stemma è del casato dei Gualdi e l'ultimo Conte Gualdi si chiama appunto Gualtiero Gualdi come il suo antenato. [4] Le iniziali, G.G., non lasciano dubbi.

— Gualtiero Gualdi? Sembra impossibile. L'ho incontrato più volte a dei ricevimenti e sembra una brava persona. Per quale motivo l'omicidio?

— Ecco, un pettegolezzo [5] circola nell'ambiente. Gualdi conduce una vita un po' "allegra". Mi spiego meglio: per il

---

1. **coinvolte** : toccate da una situazione non piacevole o pericolosa.
2. **una di qui** : una persona del posto.
3. **stemma** : emblema di famiglia nobile.
4. **antenato** : chi appartiene alle generazioni precedenti.
5. **pettegolezzo** : chiacchiera, maldicenza.

decoro [1] del casato [2] ha una moglie ufficiale, ma frequenta anche delle amanti.

C – Non è poi così strano. Persone spesso insospettabili hanno relazioni extraconiugali.

T – Già, ma al Gualdi piacciono le donne già impegnate. Più di una volta infatti ha ricevuto minacce da mariti e fidanzati traditi.

C – Non lo conoscevo sotto questo aspetto. Ma allora potrebbe essere un omicidio passionale.

T – Caro Ferretti, devo andare; aspetto domani per leggere il tuo primo articolo di cronaca nera. Arrivederci.

C – Arrivederci, avvocato Termoli, grazie per le preziose notizie!

Intanto Ferretti, che ha finito il suo panforte, attraversa la piazza e rivolge alcune domande a un poliziotto. Inizialmente l'uomo esita a rispondere; poi, quando riconosce Ferretti, risponde, certo di apparire sul giornale tra i Vip.

Ferretti raccoglie così delle notizie interessanti: il pugnale usato per l'omicidio è di grande valore; sull'impugnatura sono incastonate [3] delle pietre preziose, due smeraldi e un rubino.

1. **decoro** : onore.
2. **casato** : dinastia, famiglia.
3. **incastonate** : montate, incassate.

Quando è stato scoperto l'omicidio, il cadavere di una giovane donna di età tra i venti e i trent'anni giaceva su un palco con il capo rivolto all'indietro. Indossava solo un impermeabile e, conficcato nel cuore, c'era il pugnale. La donna è morta sul colpo, non c'è stata colluttazione: [1] probabilmente la vittima conosceva il suo assassino.

Sulla suola degli stivali c'erano tracce di terra e pagliuzze. [2] La donna frequentava quindi delle scuderie. [3]

Prima di congedarsi, [4] Ferretti gli chiede ancora:

– Chi si occupa del caso?

– Il commissario Maccari, signore.

– Molte grazie, agente; grazie ancora per l'aiuto.

1. **colluttazione** : lotta.
2. **pagliuzze** : pezzetti di paglia.
3. **scuderie** : stalle per i cavalli.
4. **congedarsi** : andarsene salutando.

Comprensione

1 **Rileggi il capitolo e indica con una X la lettera corrispondente all'affermazione corretta.**

1. Il conte è
    a. ☒ sposato
    b. ☐ divorziato
    c. ☐ separato

2. L'assassino è di
    a. ☐ Napoli
    b. ☐ Roma
    c. ☒ Siena

3. L'arma del delitto è
    a. ☐ un fucile
    b. ☐ una pistola
    c. ☒ un pugnale

4. Il conte conduce una vita
    a. ☐ triste
    b. ☒ allegra
    c. ☐ solitaria

5. Al conte piacciono le donne
    a. ☒ sposate o fidanzate
    b. ☐ libere
    c. ☐ vedove

6. L'avvocato Termoli dà
    a. ☐ buone
    b. ☒ cattive notizie a Ferretti
    c. ☐ preziose

7. Ferretti interroga
    a. ☒ un poliziotto
    b. ☒ uno straniero
    c. ☐ un testimone

2 Indica con una ✗ il significato esatto delle parole o espressioni sottolineate.

1. Persona in vista   a. ☐ che vede bene
    b. ☐ importante, conosciuta
    c. ☐ che si fa notare

2. Relazione extraconiugale a. ☐ straordinaria, meravigliosa
    b. ☐ strana, problematica
    c. ☒ fuori dal matrimonio, illegittima

3. Morta sul colpo   a. ☐ a causa di un colpo
    b. ☒ immediatamente
    c. ☐ di infarto

3 Ascolta attentamente e completa il testo con le parole mancanti.

L'identità della (1) _vittima_ è ancora sconosciuta.
La polizia non ha trovato i suoi documenti. Non deve
(2) _essere_ una di qui. Invece (3) l'_assassino_ è
uno del posto sicuramente. La polizia non ha ancora rivelato il
suo nome, ma le (4) _tracce_ portano (5) _tutte_
a una persona di (6) _spicco_ della nobiltà senese.
– Se non sbaglio, la polizia ha trovato l'arma del (7) _delitto_ .
Un pugnale con delle iniziali.
– Sì, sull'impugnatura del pugnale, un oggetto (8) _antichissimo_
e prezioso, sono incise due G e anche uno (9) _stemma_ .
Lo stemma è del casato dei Gualdi e l'ultimo Conte Gualdi si
chiama (10) _Gualtiero Gualdi_ come il suo antenato.
Le iniziali, G. G., non lasciano (11) _dubbi_ .

CAPITOLO 4

FERRETTI UNISCE L'UTILE AL DILETTEVOLE [1]

Ferretti, che è un buongustaio, decide di pranzare alla trattoria "La Torre". È un locale tipico, sempre affollato, proprio a due passi dalla Torre del Mangia. Per entrare bisogna sempre farsi strada tra i turisti, magari riuscendo poi a trovare un tavolo in un angolo, in fondo al locale.

1. **unisce ... dilettevole** : (modo di dire) fa qualcosa di utile e al tempo stesso piacevole.

Ferretti non si scoraggia tanto facilmente ed entra con sicurezza nella trattoria. Poi si avvicina al bancone che separa la sala da pranzo dalla cucina. Lì c'è Pietro che serve ai tavoli, mentre la sua mamma Angela lavora ai fornelli.

Ferretti li conosce ormai da tanti anni: – Pietro, come stai?

– Guarda, guarda, Paolo Ferretti! Sei qui per il Palio?

– Sì, ma non solo. Pietro c'è un posticino per me? Ho una fame! ...

– Certo, trovo subito un tavolo.

Ferretti si siede; di fronte c'è una coppia di giapponesi che gli sorride cordialmente.

– Pietro, cosa propone oggi il menù?

– Gnocchi di patate al sugo, ravioli, tagliatelle della mamma, quelle tirate a mano con il mattarello [1] e poi pasta e fagioli.

– Benissimo, ho proprio voglia di pasta e fagioli, e per secondo?

– Scaloppe, ossibuchi, bistecche alla fiorentina, arista di maiale, [2] e oggi, eccezionalmente piccione [3] arrosto!

---

1. **tirate a mano con il mattarello** : antico metodo per fare la pasta fresca.

2. **arista di maiale** : pezzo della schiena usato per il tipico arrosto della cucina toscana.

3. **piccione :**

– Prendo gli ossibuchi e due fettine di arista, per contorno un bel piatto di patate al forno e da bere il Chianti della casa.

– Hai davvero un gran appetito, oggi.
– Come sempre. Oggi, però, ho una giornata impegnativa.

Poco dopo Ferretti inizia a mangiare.

Tra la gente che affolla la trattoria si sente parlare solo dell'omicidio. Ferretti assapora perciò il suo piatto di pasta e fagioli, ma il suo orecchio è teso [1] ad ascoltare ogni parola, finché sente una ragazza che dice:

– Conoscevo bene la vittima!

Ferretti si gira e scorge una ragazza che parla con un ragazzo.

Decide allora di andarle a parlare:

– Scusami, hai detto che conoscevi la donna assassinata?

– Sì, la conoscevo; eravamo compagne di stanza.

– Hai informato la polizia?

– No, ecco, ... non voglio avere guai; insomma, quando questa mattina sono passata da Piazza del Campo, c'era la polizia; mi sono avvicinata e ho riconosciuto la mia compagna di stanza. Ho avuto paura e mi sono allontanata in fretta. Comunque, nell'ambiente dei cavalli la conoscevano in molti, è facile scoprire la sua identità; io, nel frattempo, avrò cambiato camera.

---

1. **il suo orecchio è teso** : (fig.) è molto attento.

– Così rischi di metterti nei guai; a proposito, come ti chiami?

– Mi chiamo Giovanna, ma perché mi metterei nei guai?

– Con questo comportamento darai l'impressione di voler nascondere qualcosa. Piuttosto va' dal commissario Maccari. Se vuoi, ti accompagno; vedrai, non ti succederà nulla.

– Va bene, ma chi è lei?

– Mi chiamo Paolo Ferretti e sono un giornalista. Finiamo di pranzare e andiamo.

– D'accordo.

Ferretti torna al suo tavolo, cerca di gustare il suo piatto di carni, ma ha fretta di andare al commissariato.

– Accidenti, dovrò rinunciare ai cantucci [1] con il Vin Santo, [2] pazienza. Pietro, portami il conto e anche quello dei ragazzi. Pago tutto io.

Poi, rivolgendosi alla ragazza, aggiunge: – Giovanna sbrigati, andiamo! Ehi, mi devi una porzione di cantucci e un bicchiere di Vin Santo!

---

1. **cantucci** : biscotti toscani fatti di pane dolce all'olio e mandorle a pezzi.
2. **Vin Santo** : vino tradizionale prodotto con uve passite e invecchiato in piccole botti.

Comprensione

1 **Rileggi il capitolo e indica con una ✗ la lettera corrispondente all'affermazione corretta.**

1. Ferretti	**a.** ☒ cena		
	b. ☒ pranza	alla trattoria "La Torre"	
	c. ☐ fa colazione		

2. Di fronte al tavolo di Ferretti c'è una coppia di
- **a.** ☐ giapponesi
- **b.** ☐ cinesi
- **c.** ☐ coreani

3. La gente parla del
- **a.** ☐ Palio
- **b.** ☐ più e del meno
- **c.** ☒ delitto

4. Ferretti ascolta le parole di
- **a.** ☐ Pietro
- **b.** ☒ Giovanna
- **c.** ☐ Angela

5. La ragazza e la vittima erano
- **a.** ☒ compagne di stanza
- **b.** ☐ vicine di casa
- **c.** ☐ compagne di scuola

6. Le ragazze frequentavano l'ambiente
- **a.** ☐ delle corse
- **b.** ☐ della Borsa
- **c.** ☒ dei cavalli

2 Ecco il menù della trattoria "La Torre". Indica con una ✗ quello che mangia Ferretti.

PRIMI

Gnocchi di patate al sugo

Ravioli

Tagliatelle della mamma

✗ Pasta e fagioli

SECONDI

Scaloppe

✗ Ossibuchi

Bistecca alla fiorentina

Arista di maiale

Piccione arrosto

CONTORNI

Insalata

✗ Patate al forno

DOLCI

Crostata

Tiramisù

✗ Cantucci con il Vin Santo

3 Indica con una ✗ il significato esatto delle seguenti parole o espressioni contenute nel capitolo.

1. Farsi strada
   - a. ☐ viaggiare
   - b. ☒ aprirsi un passaggio
   - c. ☐ far carriera

2. È un buongustaio
   - a. ☐ ha gusto
   - b. ☐ ha stile
   - c. ☒ ama la buona cucina

3. Rinunciare
   - a. ☐ lasciar perdere
   - b. ☐ dimenticare
   - c. ☐ smarrire, perdere

4. Sbrigati!
   - a. ☑ alzati!
   - b. ☐ fai con comodo!
   - c. ☐ fai presto!

5. Locale tipico
   - a. ☐ locale costoso
   - b. ☐ locale economico
   - c. ☒ locale caratteristico

6. Scorgere
   - a. ☐ riuscire
   - b. ☐ vedere
   - c. ☐ non notare

Grammatica

1 **Sottolinea nelle seguenti frasi i pronomi personali complemento.**

1. Perché non lo saluti mai?
2. C'è ancora una fetta di torta. La mangi tu?
3. È tardi! Ti porto a casa?
4. Hai preso le valigie? – Sì, le ho prese.
5. Ieri ho visto un bellissimo film. E tu lo hai visto?
6. Vuole comperare questi pantaloni, signora? – Sì, li compro!

2 **Combina in modo corretto le parti delle seguenti frasi.**

1. e Scrivo una lettera
2. a Vogliamo un caffè
3. b Passo a prendere Monica
4. d Mi accompagni alla stazione?
5. c Sai se la lezione finisce presto?

a. e lo vogliamo adesso!
b. e l'accompagno al cinema.
c. Non lo so.
d. Mi dispiace, non posso accompagnarti!
e. e la spedisco subito.

3 **Completa le seguenti frasi con i pronomi personali complemento**
lo, l', la, le, li, gli, come nell'esempio.

Es.: – Avete salutato i vostri amici?
– Sì, li abbiamo salutati poco fa.

1. – Vedi spesso la televisione?
– Sì, ...la............ vedo quasi ogni sera.

2. – Avete fatto colazione prima di andare a scuola?
   – Sì, ... abbiamo fatta con papà.

3. – Hai ascoltato l'ultimo CD di Pavarotti?
   – Sì, ...*lo*......*l'*.... ho ascoltato a casa di Daniela.

4. – Giovanni Pascoli ha scritto "Le operette morali"?
   – No, *gli*................... ha scritte Giacomo Leopardi.

5. – Hai provato lo yogurt con i cereali?
   – No, non ....*lo*...*l'*... ho ancora provato.

6. – Carla ha paura del temporale?
   – Sì, ...*lo*............ detesta proprio.

7. – Compri sempre la rivista "Glamour"?
   – Sì, ...*la*........... compro ogni settimana.

8. – Mi dai l'indirizzo dei tuoi amici napoletani?
   – Sì, te ......*lo*............. do subito.

9. – Mi presti i tuoi occhiali da sole?
   – Sì, te ......*gli*.............. presto volentieri.

10. – Porti sempre la collana?
    – Sì, ...*la*....... porto sempre.

CELI 2

4 **Completa le frasi inserendo negli spazi i pronomi opportuni.**

1. La trattoria "La Torre" è un locale tipico in ....*locale*...... è
   difficile trovare un tavolo.

2. Ferretti si siede al tavolo e Pietro .... propone il
   menù del giorno.

3. Il giornalista si avvicina alla ragazza e .... chiede
   se ha parlato con la polizia.

4. "No, non .... volevo dire per non avere
   problemi" risponde lei.

5. " .... dico sinceramente: è così che rischi di
   metterti nei guai!" afferma lui.

Produzione orale

1 Descrivi la foto.

Di quale tipo di documento si tratta?
Quale messaggio ti suggerisce l'immagine?
Che legame c'è tra l'immagine e la frase che compare sopra?

CAPITOLO 5

CHI È LA DONNA ASSASSINATA?

Al commissariato l'aria è molto tesa. [1]
Ferretti e Giovanna chiedono a un agente di parlare con il commissario Maccari.

Ferretti conosce da molto tempo il commissario che li riceve immediatamente nel suo ufficio. Una stanzetta con al soffitto una grande luce al neon, una scrivania di metallo e vecchie sedie di legno. Alle pareti, ci sono la foto del Presidente della Repubblica, un crocifisso e un rametto di ulivo.

---

1. **l'aria è molto tesa** : (fig.) c'è molta tensione, agitazione, nervosismo.

Delitto in Piazza del Campo

Maccari è un vecchio commissario: capelli grigi, occhi spenti [1] di chi ormai non si illude più.

– Commissario, come te la passi [2] qui a Siena?

Ascolta, mi occupo per il giornale dell'omicidio di stanotte. Ho incontrato questa ragazza che conosceva bene la donna assassinata. Non voleva testimoniare, perché ha paura di essere coinvolta. L'ho rassicurata: le ho garantito [3] che non le succederà nulla, non è vero?

– Se non ha fatto niente di male, non le succederà nulla. Adesso veniamo ai fatti. Come ti chiami?

– Mi chiamo Giovanna Marras, sono un artiere ippico. [4] Sono a Siena per un lavoro stagionale. Alla fine dell'estate tornerò a casa, in Sardegna, a Bosa.

– Conoscevi la donna assassinata?

– Sì, ma non eravamo amiche, dividevamo la stessa camera e facevamo lo stesso lavoro nelle scuderie del Conte Gualdi.

---

1. **spenti** : (fig.) che hanno perso luminosità e vivacità.
2. **come te la passi** : (fam.) come va?
3. **garantito** : assicurato.
4. **artiere ippico** : chi ha cura di un cavallo da corsa.

– Allora, sai come si chiama la donna?

– Cecilia Varchi, di Livorno. Sperava di essere assunta definitivamente [1] dal Conte o in qualche altra scuderia.

– Uno strano lavoro per delle ragazze!

– Io non direi; se non sbaglio c'è la parità, e anzi, spesso svolgiamo il nostro lavoro meglio degli uomini.

– Va bene, non facciamo polemiche. Ora dimmi, Giovanna, quello che sai della notte dell'omicidio.

– Non so niente, commissario. Sono rientrata nella mia camera verso le dieci di sera e Cecilia non c'era. Non so dov'era. Ognuno di noi aveva la propria vita; ogni tanto si mangiava insieme o si beveva qualcosa, ma niente di più.

– Non ti sei accorta che non ha dormito nel suo letto?

– Certo, ma a volte capitava.

– Dove dormiva?

– Ecco, non so, forse...

– Giovanna, devi dire tutto quello che sai al commissario, non hai nulla da temere! [2] – interrompe Ferretti.

– Cecilia andava spesso a dormire a casa del Conte!

– Avevano una relazione?

– Non so.

– E tu, Giovanna?

---

1. **essere assunta definitivamente** : avere un lavoro fisso, a tempo indeterminato.
2. **da temere** : di cui aver paura.

– No, io no! Cecilia... forse, ma non era una cattiva ragazza, non era un'arrampicatrice; [1] diceva che il Conte era una persona eccezionale, di non ascoltare le chiacchiere su di lui. Cecilia era molto discreta ed educata, ripeteva sempre di essere riconoscente al Conte, che provava dell'affetto per lui e che la sua amicizia era per lei molto importante.

– Però tu sospettavi una relazione tra loro!

– Sospettavo, sospettavo... ne sentivo parlare, ma io non so se era tutto vero.

– Dove si incontravano Cecilia e il Conte?

– Soprattutto qui a Siena, nell'attico [2] del Conte, mai nella tenuta di San Gimignano. A San Gimignano vive la Contessa.

– Stamani sei andata al lavoro?

– Sì, dopo essere passata da Piazza del Campo.

– Già! Perché sei passata di lì?

– Ecco, quando Cecilia dormiva dal Conte, passavo a prenderla e andavamo insieme al lavoro.

– Quindi sei passata davanti alla casa del Conte!

– Sì, pensavo di trovarla là, ma non c'era nessuno. Allora, tornando indietro, sono passata dalla piazza per fare colazione e... il resto lo sapete già.

– Al lavoro hai visto il Conte?

---

1. **arrampicatrice** : persona ambiziosa che tenta con ogni mezzo di raggiungere una posizione sociale elevata.
2. **attico** : ultimo piano abitabile di un palazzo.

– No, non l'ho visto... È stato il Conte a uccidere Cecilia?

– Non sappiamo.

Ferretti chiede al commissario: – Non avete ancora interrogato il Conte?

– No, è scomparso!

– Scomparso?

– L'abbiamo cercato nel suo attico e a San Gimignano, ma nessuno sa dov'è.

– Avete trovato delle impronte [1] sul pugnale?

– No, purtroppo l'assassino indossava dei guanti.

– Un omicidio premeditato [2] allora.

– Sembrerebbe così.

– E il movente? [3]

– Ancora non sappiamo. Certo, una volta confermati i sospetti sul Conte, il movente più plausibile [4] è quello della gelosia. Vi ho già detto troppo. Ora, Giovanna, non devi lasciare Siena. Lascia all'agente qui fuori il tuo indirizzo e le tue generalità. [5] Hai capito bene?

– Sì, commissario, grazie.

– Conosci l'indirizzo di Cecilia per avvisare la sua famiglia?

---

1. **impronte** : segni, tracce lasciate dalla mano.
2. **premeditato** : studiato, preparato prima.
3. **il movente** : il motivo.
4. **plausibile** : logico, probabile.
5. **generalità** : nome, cognome, residenza, data di nascita.

Delitto in Piazza del Campo

– Ecco, commissario, Cecilia non aveva parenti: i suoi genitori sono morti cinque mesi fa. Era sola al mondo.

– Ma Giovanna! Dici che non sai niente e poi si scopre... Vai! Vai a casa!

Un agente dovrà fare una perquisizione [1] per cercare degli indizi [2].

Cerca una nuova sistemazione, dobbiamo mettere sotto sequestro [3] la camera. Arrivederci.

---

1. **perquisizione** : ricerca attenta in un luogo per trovare cose nascoste riguardanti un reato.
2. **indizi** : segni, tracce.
3. **sequestro** : azione legale per impedire di utilizzare un oggetto o entrare in un luogo.

Comprensione

CELI 2

1 Completa le frasi scrivendo in ogni spazio la lettera corrispondente alla congiunzione opportuna.

1. Ferretti va al commissariato .... deve parlare con Maccari.

    a. quando   **b.** perché   **c.** dove   **d.** mentre

2. Giovanna finirà la sua stagione lavorativa .... tornare in Sardegna.

    a. prima di   **b.** allora   **c.** però   **d.** senza che

3. .... Cecilia dormiva dal conte, Giovanna passava a prenderla.

    a. quando   **b.** dunque   **c.** prima   **d.** perciò

4. Giovanna non ha nulla da temere .... non ha fatto niente di male.

    a. nonostante   **b.** quando   **c.** come   **d.** dato che

5. Cecilia difendeva il conte .... qualcuno ne parlava male.

    a. senza che   **b.** affinché   **c.** se   **d.** senza che

6. Interrogheranno il conte .... lo troveranno.

    a. appena   **b.** dunque   **c.** nonostante   **d.** dato che

7. Giovanna si trasferirà .... del sequestro della camera da parte della polizia.

    a. poiché   **b.** a causa   **c.** a condizione che   **d.** purché

2 Indica con una ✗ il significato esatto delle seguenti espressioni contenute nel capitolo.

1. Fare polemica
   a. ☐ litigare senza ragione
   b. ☐ difendere le donne
   c. ☐ difendere le proprie opinioni in modo aggressivo e deciso

2. Discreta
   a. ☐ riservata
   b. ☐ chiacchierona
   c. ☐ distinta

3. Essere riconoscente
   a. ☐ riconoscere qualcuno
   b. ☐ essere riconosciuto da qualcuno
   c. ☐ provare gratitudine verso qualcuno

4. La tenuta
   a. ☐ il possedimento
   b. ☐ il possesso
   c. ☐ ciò che si ha

5. Nuova sistemazione
   a. ☐ nuova compagna di stanza
   b. ☐ nuovo mestiere
   c. ☐ nuova abitazione

6. Sospettare
   a. ☐ avere fiducia
   b. ☐ accusare
   c. ☐ ritenere colpevole

Produzione scritta

1 **Rispondi al questionario.**

Immagina di voler svolgere un lavoro stagionale in Italia.
Completa la scheda da consegnare ad un'agenzia.

Cognome .... Nome ....

1. Luogo e data di nascita ....

2. Nazionalità ....

3. Indirizzo ....

4. Stato civile ....

5. Ha figli? .... Quanti? ....

6. Titolo di studio ....

7. Quali lingue conosce? ....

8. Attuale professione ....

9. Impieghi precedenti ....
....
....

10. È disposta a trasferirsi per ragioni di lavoro? ....
Se sì, per quanto tempo? ....

San Gimignano
la città delle torri

San Gimignano è un magnifico esempio di città medievale.
Costruita su un colle ricco di ulivi e di viti, si staglia in uno
splendido paesaggio naturale e da lontano appare come una
corona di mura e torri che
domina sulla cima di una
collina.

Nel Medioevo la città era sede
di un rinomato mercato: si
trovava infatti sul percorso

che portava i pellegrini dal nord Europa a Roma.

Delle 76 torri originarie, erette dall'aristocrazia locale, oggi ne restano 14, la più antica delle quali è del XIII sec. Queste torri, tutte senza finestre, erano fortezze private, simbolo della ricchezza dei loro proprietari.

La torre del Palazzo del Podestà, detta la Rognosa, è alta 51 m. ed è una delle più antiche della città. Una legge del 1255 vietava di costruire una torre più alta, ma la regola non era sempre rispettata dalle famiglie rivali tra loro. La famosa peste del 1348 e i nuovi percorsi utilizzati dai pellegrini segnano, però, l'inizio del declino economico della città.

Ricca di opere d'arte e di storia, San Gimignano è oggi meta di migliaia di turisti.

CAPITOLO 6

UN DUBBIO SI INSINUA [1]

P rima di tornare in albergo Ferretti prende un aperitivo in un caffè vicino al palazzo dove il Conte Gualdi possiede l'attico. Nel locale non si sente parlare che del Conte. Tutti lo conoscono: fa sempre colazione qui e spesso si fa servire a casa. Anche i suoi collaboratori e domestici sono clienti e come ogni sera il suo maggiordomo sorseggia [2] un caffè al bancone.

Ferretti lo conosce abbastanza bene: – Ciao, Carlo, come va?

---

1. **si insinua** : entra a poco a poco; qui, nella mente.
2. **sorseggia** : beve a piccoli sorsi.

– Oh, non saprei, signor Paolo, è tutto il giorno che la polizia mi interroga, ma io non so niente. Non vedo il Conte da ieri sera. Sono preoccupato, ma non credo che il Conte... Non riesco neanche a pronunciare quella parola. Quella povera ragazza la conoscevo, veniva spesso a trovarlo. Erano diventati amici...

– Carlo, avevi mai visto quel pugnale?

– Certamente, era in uno stipetto [1] in camera del Conte, ma lui non l'ha mai usato e il sangue lo disgusta.

– Che rapporto c'era tra il Conte e quella ragazza?

– Lui la trattava quasi come una figlia, si vedevano spesso, e non solo perché la ragazza lavorava alle scuderie.

– Ora, Carlo, ho sentito delle voci sul Conte e la sua passione per le donne; dimmi la verità. È proprio così?

– Sì e no. Il Conte ha un debole per il gentil sesso, [2] ma non credo a una relazione con quella ragazza; li ho visti spesso insieme e il loro non sembrava un rapporto sentimentale.

– Sì, ma la ragazza dormiva spesso a casa sua!

– È vero, ma non nella stessa stanza! Preparavo personalmente la camera degli ospiti e la mattina trovavo regolarmente i letti disfatti.

– La moglie del Conte era al corrente di questa amicizia?

– La Contessa conosceva la ragazza. Un paio di volte hanno anche cenato tutti insieme.

---

1. **stipetto** : qui, piccolo mobile antico, usato di solito per conservare oggetti di valore.
2. **gentil sesso** : le donne.

– La Contessa vive sola nella tenuta di San Gimignano?

– Sì, tra il Conte e la Contessa non c'è amore. Non hanno figli e si fanno vedere insieme in pubblico solo nelle occasioni ufficiali. [1] La Contessa non è molto simpatica agli amici del Conte. Non è d'origine nobile. Prima di diventare la Contessa Gualdi era la segretaria della vecchia madre del Conte e, quando lei è morta, è rimasta alla tenuta; dopo qualche mese il Conte l'ha sposata. Non si è mai capito il perché: forse il Conte ne era infatuato [2] ma lei no. Lei lo ha sposato per la sua posizione sociale. Il Conte si è trasferito quasi subito nell'attico qui a Siena.

– Bene, Carlo, grazie delle informazioni e arrivederci.

---

1. **ufficiali** : pubbliche e formali (cerimonie, ricevimenti, ecc.)
2. **infatuato** : innamorato.

Comprensione

1 **Rileggi il capitolo e indica se le seguenti affermazioni sono vere (V) o false (F).**

		V	F
1.	Ferretti prende un digestivo in un bar vicino al palazzo dove abita il Conte Gualdi.	☐	☐
2.	Il Conte fa sempre colazione in quel bar.	☐	☐
3.	Il maggiordomo del Conte sta bevendo al bancone.	☐	☐
4.	Il maggiordomo non conosceva la ragazza assassinata.	☐	☐
5.	Il maggiordomo teme che il Conte sia il colpevole.	☐	☐
6.	Il Conte è un dongiovanni.	☐	☐
7.	La Contessa conosceva la ragazza assassinata.	☐	☐
8.	Il Conte e la Contessa vivono insieme.	☐	☐
9.	Il Conte e la Contessa non vanno d'accordo.	☐	☐
10.	Anche se non è nobile di origine, la Contessa piace molto agli amici del Conte.	☐	☐

CELI 2

2 **Completa il testo trascrivendo in ogni spazio numerato la lettera corrispondente alla parola scelta.**

A scuola Ferretti non era uno (1) .... particolarmente brillante, ma ha sempre avuto il pallino per il giornalismo.

Anche quando (2) .... il corso di giornalismo teneva molto alla (3) .... immagine: (4) .... piaceva essere elegante e amava le belle donne, (5) .... le quali aveva molto successo. Certo, (6) .... non pesava 120 chili, ma soltanto 80. Poi si sa, (7) .... passare degli anni e l'amore per la buona cucina, aveva incominciato a (8) ....

Fin da giovanissimo scriveva per alcuni quotidiani locali minori, (9) .... gli chiedevano articoli di costume.
Naturalmente era più difficile partecipare a (10) .... e incontri mondani.

1.	**a.** studente	**b.** giornalista	**c.** studioso
2.	**a.** andava	**b.** frequentava	**c.** studiava
3.	**a.** sue	**b.** suoi	**c.** sua
4.	**a.** gli	**b.** le	**c.** ci
5.	**a.** per	**b.** con	**c.** sopra
6.	**a.** dunque	**b.** perciò	**c.** allora
7.	**a.** per	**b.** col	**c.** tra
8.	**a.** cambiarsi	**b.** appesantirsi	**c.** abbandonarsi
9.	**a.** che	**b.** cui	**c.** chi
10.	**a.** ricezioni	**b.** ricorrenze	**c.** ricevimenti

3 Indica con una ✗ il significato esatto delle seguenti espressioni contenute nel capitolo.

1. Essere al corrente
   - **a.** ☐ lavorare in banca
   - **b.** ☐ essere informato
   - **c.** ☐ lavorare all'Enel

2. Avere un debole per qualcuno
   - **a.** ☐ essere debole con qualcuno
   - **b.** ☐ amare qualcuno
   - **c.** ☐ non avere carattere

3. Letti disfatti
   - **a.** ☐ letti intatti
   - **b.** ☐ letti distrutti
   - **c.** ☐ letti in cui qualcuno ha dormito

Produzione scritta

CELI 2

1 La Contessa Gualdi scrive una lettera ad alcuni suoi amici stranieri per invitarli nella sua tenuta di San Gimignano.

Nella lettera
- indica il periodo in cui è disponibile
- descrive brevemente le caratteristiche di San Gimignano
- propone una gita a Siena
   (*da un minimo di 90 a un massimo di 100 parole*)

....

....

....

....

....

LE INDAGINI PROSEGUONO

In serata Ferretti invia l'articolo al giornale ed esce per andare al ristorante.

Lungo la strada continua a ripensare alla misteriosa scomparsa del Conte e se davvero ha commesso un crimine così efferato. [1] Perché rovinarsi la vita per una ragazza?

Al ristorante Ferretti si siede al tavolo come un automa [2] e

---

1. **efferato** : crudele e feroce.
2. **un automa** : chi agisce, si muove in modo meccanico, senza rendersi conto dei propri gesti.

quando il cameriere si avvicina per prendere l'ordinazione ha quasi un sussulto. [1] Mangia con incredibile voracità, [2] ma sembra non gustare nulla. Il caso del Conte Gualdi lo interessa molto; così prende appunti mangiando: dovrà verificare alcune informazioni. Per prima cosa programma una visita per l'indomani alla tenuta del Conte a San Gimignano, una al commissario Maccari per informarsi sull'ora del delitto e infine una alle scuderie per parlare con i dipendenti del Conte.

Come andare a San Gimignano?

Di solito Ferretti non guida. Ha la patente, ma preferisce spostarsi in taxi, treno o aereo. Decide, in questo caso, di affittare un'auto per essere più libero negli spostamenti.

Tornato in albergo chiede al portiere di prenotargli una vettura piuttosto spaziosa [3] e di svegliarlo l'indomani alle otto.

---

1. **sussulto** : sobbalzo, piccolo movimento dovuto a paura o sorpresa.
2. **voracità** : grande appetito che porta a mangiare velocemente.
3. **spaziosa** : con tanto spazio, grande, comoda.

Comprensione

CELI 2

1 Rileggi il capitolo e indica con una **✗** le affermazioni presenti nel testo.

1. Prima di andare al ristorante, Ferretti invia l'articolo al giornale. ☐

2. Il giornalista si chiede perché il conte doveva rovinarsi la vita per una ragazza. ☐

3. Il conte è crudele ed efferato. ☐

4. Il giornalista si siede al tavolo soprappensiero. ☐

5. Ferretti mangia prendendo appunti sul caso. ☐

6. Ferretti programma una gita nelle campagne senesi. ☐

7. Il commissario conosce l'ora della morte della vittima. ☐

8. Ferretti preferisce non guidare. ☐

9. Ferretti chiede al portiere di chiamargli un taxi. ☐

CELI 2

2 Ascolta e indica con una **✗** la lettera corrispondente all'affermazione corretta.

1. Lungo la strada Ferretti è
   a. ☐ pensieroso
   b. ☐ stupito
   c. ☐ spaventato

2. Quando il cameriere si avvicina, Ferretti
   a. ☐ lo chiama
   b. ☐ ha un sussulto
   c. ☐ ordina il pranzo

3. Mentre mangia, Ferretti
- a. ☐ prende appunti
- b. ☐ verifica alcune informazioni
- c. ☐ si distrae

4. Ferretti mangia
- a. ☐ con gusto
- b. ☐ con calma
- c. ☐ con velocità

Produzione scritta

CELI 2

1 **Scrivi un annuncio.**

Sei un giornalista e devi visitare per una settimana le campagne senesi per scrivere un reportage. Ti devi spostare in macchina, ma non hai la patente.

(*circa 50 parole*)

Nell'annuncio
- descrivi brevemente la tua situazione e le tue esigenze
- chiedi una macchina con autista da noleggiare
- dai le tue generalità e indichi come contattarti

....

....

....

....

....

CAPITOLO 8

GITA IN CAMPAGNA

S ono le otto quando lo squillo insistente del telefono sveglia Ferretti.

Si alza e si prepara con tutta calma per la gita a San Gimignano. Nell'atrio [1] dell'albergo il portiere lo accoglie con un sorrisino e gli porge [2] le chiavi di un'utilitaria. [3]

– Mi dispiace, è l'unica macchina disponibile. In agosto Siena è piena di turisti.

– Va bene, spero solo di riuscire a salire!

1. **atrio** : ingresso.
2. **porge** : dà, offre.
3. **utilitaria** : piccola automobile economica.

La scena di Ferretti che si siede in macchina è indescrivibile. Il portiere fatica a trattenere le risate, poi lo vede partire zigzagando [1] un po'.

Lungo tutto il tragitto non riesce a pensare a nulla, è troppo concentrato sulla guida. Il suo viso è imperlato [2] di sudore, le sue mani sembrano incollate al volante, ma finalmente arriva alla tenuta del Conte.

Davanti alla residenza padronale, una vecchia casa colonica molto ben conservata, è parcheggiata un'auto della polizia.

Ferretti scende faticosamente dall'auto, si tampona [3] il viso e la fronte con un fazzoletto, si avvicina all'ingresso e suona il campanello.

Porge quindi il suo biglietto da visita al maggiordomo che gli ha aperto la porta.

Dopo qualche minuto, il maggiordomo lo fa accomodare in una sala in cui si trovano la Contessa e il commissario Maccari che sorride a Ferretti: – Caro Ferretti, mi aspettavo di incontrarti ancora.

– Quando ho visto la macchina della polizia nel parcheggio, ho immaginato che c'eri anche tu. Benissimo, prenderò due piccioni con una fava! [4] Cara Contessa Gualdi, come va?

---

1. **zigzagando** : procedendo a zig zag, con continui mutamenti di direzione.
2. **imperlato** : coperto di goccioline simili a perle.
3. **si tampona** : si asciuga.
4. **prenderò due piccioni con una fava** : (modo di dire) otterrò contemporaneamente due vantaggi.

Delitto in Piazza del Campo

– Ferretti, sono contenta di vederti, apprezzo [1] molto i tuoi articoli! Sei qui per via di questa brutta storia, è così?

– Sì. Ci sono notizie del Conte?

– Come dicevo al commissario Maccari, non vedo mio marito da giorni, ci siamo parlati al telefono la sera del delitto, intorno alle venti: mi sembrava tranquillo, voleva venire qui per il fine settimana, ma poi non si è visto. Non so cosa dire, non conosco i suoi spostamenti e francamente non mi interessano; ognuno di noi ha la sua vita.

– Conoscevi la ragazza assassinata?

– Vagamente.

– Il maggiordomo di tuo marito mi ha detto che avete cenato insieme almeno un paio di volte!

– Cosa vuoi, ceno con tante persone, ma certo non le conosco tutte. Sono conoscenze superficiali. È vero, abbiamo cenato insieme, ma con una ragazza del genere non ho certo approfondito la conoscenza!

– Cosa intendi, quando dici "una ragazza del genere"?

– Sì, insomma, una ragazza che non ha classe [2] e che fa un lavoro così... maschile.

– Non ti piaceva!

– Non la consideravo una minaccia. [3] Presto sarebbe stata solo un vago ricordo.

---

1. **apprezzo** : mi piacciono.
2. **classe** : qui, eleganza.
3. **minaccia** : pericolo.

– Ma il Conte era innamorato di lei?

– Devo proprio continuare a parlare di lui?

– Un'ultima domanda. Cosa pensi dell'omicidio? È stato tuo marito? E lui dov'è adesso? Cosa ci puoi dire del pugnale? Confermi che appartiene alla Famiglia Gualdi?

– Il pugnale è un oggetto antichissimo e appartiene da sempre alla famiglia, ma Gualtiero lo conserva nel suo attico a Siena, è molto geloso degli oggetti di famiglia e certo non li presta facilmente a qualcuno. Vi ho già detto che non so dov'è mio marito. Non sono io a dover dire se Gualtiero è l'assassino, ma ci sono degli indizi a suo carico, [1] giusto? Probabilmente, ovunque si trova, è disperato e vittima del rimorso. È un uomo impulsivo, che prima agisce e poi pensa. Evidentemente non aveva intenzione di uccidere la ragazza, forse lei voleva approfittare della sua ricchezza e lui ha perso la testa. [2]

Il commissario Maccari ha ascoltato molto attentamente la Contessa che conclude: – Commissario, spero di essere stata di aiuto nelle indagini; se mio marito si metterà in contatto con me vi avviserò subito!

– Molto gentile, è importante per noi ritrovare il Conte. La sua assenza aggrava [3] la sua posizione. Arrivederci e grazie.

---

1. **a suo carico** : contro di lui.
2. **ha perso la testa** : (modo di dire) non è riuscito a controllare le proprie azioni o i propri sentimenti.
3. **aggrava** : peggiora, rende più grave.

Delitto in Piazza del Campo

Nel parcheggio Ferretti e il commissario decidono di pranzare insieme da "Nello la Taverna".

Il locale è un ambiente piccolo con una trentina di coperti: [1] fortunatamente Ferretti e il commissario riescono a trovare un tavolo per due in un angolo.

– Una vera fortuna in questo periodo dell'anno. Potremo chiacchierare indisturbati.

– Certo, Ferretti, a proposito, cosa pensi della Contessa?

– Mi sembra una donna molto scaltra [2] e per nulla preoccupata della sorte del marito, ma ora pensiamo al nostro pranzo.

Parlano del più e del meno, poi Ferretti torna sull'argomento che gli sta più a cuore. [3]

– Caro Maccari, è una brutta faccenda. Finché il Conte non si trova, non si saprà la verità.

– Sì, la testimonianza del Conte è fondamentale.

– Nel pomeriggio passerò alle scuderie. Desidero parlare con il direttore per avere notizie della vittima; mi puoi accompagnare?

– No, non posso, devo andare al commissariato per la relazione sull'autopsia, [4] ma telefonami.

---

1. **coperti** : posti a tavola.
2. **scaltra** : astuta, furba.
3. **sta più a cuore** : (modo di dire) lo interessa maggiormente.
4. **autopsia** : indagine sui cadaveri per capire la causa della morte.

– Mi puoi dire l'ora della morte della povera Cecilia?

– Intorno alle tre del mattino.

Il commissario Maccari mangia lentamente, sorseggiando un bicchiere di Vernaccia; Ferretti, invece, mangia con voracità, come sempre.

Alla fine Ferretti insiste per pagare il conto e poi ognuno va per la propria strada.

Comprensione

1 **Rileggi il capitolo e indica con un X la lettera corrispondente all'affermazione corretta.**

1. Davanti alla tenuta del Conte è parcheggiato/a

   a. ☐ un'auto sportiva
   b. ☐ la macchina della polizia
   c. ☐ un camion

2. Ferretti prende un fazzoletto, perché

   a. ☐ è raffreddato
   b. ☐ è sudato
   c. ☐ ha le lacrime

3. Ferretti

   a. ☐ chiede di parlare con il Conte
   b. ☐ si presenta al maggiordomo
   c. ☐ dà il suo biglietto da visita al maggiordomo

4. La Contessa riceve Ferretti

   a. ☐ in camera da letto
   b. ☐ in sala
   c. ☐ nello studio

2 **Ricordi che cosa dice la Contessa? Rispondi alle seguenti domande.**

1. Quando ha parlato con il marito la Contessa?
2. Come le è sembrato il Conte?
3. Che tipo di rapporto c'era tra i due?
4. Che cosa dice la Contessa dell'arma del delitto?
5. Cosa pensa la Contessa dell'assassino?
6. Come descrive il carattere del Conte?
7. Che cosa dice la Contessa della ragazza assassinata?

CELI 2

3 Ascolta e indica con una X le affermazioni presenti nel testo.

1. Il telefono sveglia Ferretti. ☐
2. Ferretti si alza e fa colazione. ☐
3. Il portiere accoglie il giornalista con gentilezza. ☐
4. Siena è piena di turisti. ☐
5. Ferretti pensa continuamente al delitto. ☐
6. Ferretti sale in macchina in modo ridicolo. ☐
7. Ferretti chiede se c'è una macchina disponibile. ☐

4 Indica con una X il significato esatto delle seguenti parole contenute nel capitolo.

1. Indisturbati
   - a. ☐ disturbati
   - b. ☐ non disturbati
   - c. ☐ molto infastiditi

2. Tragitto
   - a. ☐ traiettoria
   - b. ☐ trafitto
   - c. ☐ percorso

3. Vagamente
   - a. ☐ tanto
   - b. ☐ poco
   - c. ☐ abbastanza

4. Minaccia
   - a. ☐ pericolo
   - b. ☐ paura
   - c. ☐ gioia

5. Rimorso
   - a. ☐ pensiero
   - b. ☐ disperazione
   - c. ☐ senso di colpa

a. ☐ riflessivo

6. Impulsivo b. ☐ crudele

c. ☐ istintivo

Grammatica

1 Completa le frasi con i seguenti avverbi.

> felicemente   fortunatamente
> semplicemente   sicuramente   finalmente

1. .... Luisa è partita per le vacanze.
2. Ci vedremo .... all'appuntamento annuale dei soci.
3. .... Piero non ha perso il treno per Roma.
4. Questo film è .... fantastico.
5. La loro storia si è conclusa ....

2 Trasforma le frasi volgendo i verbi al passato prossimo.

1. Scrivo una lettera al direttore di "La Repubblica".

   ....

2. Telefoni a tua sorella per invitarla a teatro?

   ....

3. Luisa prende un cappuccino, io prendo un caffè ristretto.

   ....

4. Compriamo una macchina nuova.

   ....

5. Schumaker vince il Gran Premio di Imola di Formula Uno.

   ....

6. Giorgio fa i compiti in un'ora.

   ....

7. Maria prende la valigia e parte.

   ....

8. Esco alle otto e rientro alle due del pomeriggio.

   ....

9. Leggi le pagine dello sport?

   ....

10. Silvana chiede informazioni per andare alla stazione.

   ....

Produzione orale

1 **Immagina di entrare in questo ristorante e di ordinare un pasto completo.**

RISTORANTE

NELLO LA TAVERNA

A SIENA DAL 1930

VIA DEL PORRIONE, 28 - TEL. 0577/289043

CAPITOLO 9

UNO STRANO INVITO
A CENA

Intorno alle quattro del pomeriggio, Ferretti arriva alle scuderie Gualdi dove incontra Aldo Forni, il direttore delle scuderie. È un uomo sulla trentina, molto alto e sicuro di sé. Quando vede Ferretti, lo apostrofa [1] scherzosamente, dicendogli che non dispongono [2] di elefanti.

Ferretti non reagisce. È stato sempre preso in giro e inizia a parlare senza perdersi d'animo.

1. **lo apostrofa** : gli rivolge la parola in modo brusco e diretto.
2. **non dispongono** : non hanno.

– Non sono qui per andare a cavallo. Mi chiamo Ferretti e sono un giornalista, indago sull'omicidio di Cecilia, so che lavorava qui.

– È vero, lavorava qui, ma a me non piaceva. Speravo di poterla licenziare subito, ma era la pupilla [1] del Conte...

– Chi l'ha uccisa?

– Lo sanno tutti! Il Conte. Prima o poi doveva succedere. È un uomo che ama molto le donne e per questo assume ogni anno ragazze diverse. Poi, finita la stagione, le licenzia. Ora la povera Contessa dovrà subire questa vergogna e tutta la "baracca" [2] sarà sulle sue spalle.

– Perché? Anche se il Conte verrà condannato, potrà gestire i suoi affari dal carcere.

– Al posto suo, io toglierei il disturbo... la farei finita! [3] Ma mi scusi, adesso devo occuparmi del mio lavoro, non ho tempo da perdere: qui la vita continua.

Così dicendo, il direttore si allontana, quindi estrae dalla giacca un portatile e compone un numero di telefono.

Ferretti lo osserva, non può capire cosa dice, ma la telefonata gli sembra piuttosto concitata. [4]

Per Ferretti l'intervista finisce qui, non gli resta che tornare in albergo e dedicarsi al prossimo articolo.

---

1. **pupilla** : prediletta, preferita (da qualcuno).
2. **baracca** : (fig.) l'insieme di affari e di proprietà di qualcuno, con i relativi problemi.
3. **la farei finita** : (fig.) mi suiciderei.
4. **concitata** : agitata.

In albergo riceve un messaggio della Contessa Gualdi. È un invito a pranzo per il giorno successivo.

Ferretti rimane molto sorpreso e chiama il commissario Maccari. Racconta l'incontro con il direttore delle scuderie e commenta: – Piuttosto strano, non ti pare? Secondo me il direttore sa qualcosa. Ah! Dimenticavo: la Contessa mi ha invitato a pranzo domani. Perché?

E poi il direttore ha parlato molto bene della Contessa, l'ha descritta come una vedova sulle cui spalle cade tutto il disonore del marito. Forse c'è qualcosa tra il direttore e la Contessa. Domani ti racconterò.

A proposito, cosa hai saputo dall'autopsia?

– Niente di particolare. La povera Cecilia è morta sul colpo per una ferita al petto intorno alle tre del mattino. Sul corpo non ci sono tracce di colluttazione, non ci sono frammenti [1] di stoffa o capelli. Niente di niente. Invece, oggi pomeriggio abbiamo ritrovato i vestiti che la ragazza indossava il giorno in cui è morta. Indovina un po', erano nell'attico del Conte! Però mi domando: se era a casa del Conte, perché, quando sono usciti, la ragazza era nuda? In questa faccenda c'è qualcosa che non capisco.

– Mio caro commissario, questa faccenda è davvero complicata. Comincio ad avere dei dubbi sulla colpevolezza di Gualdi, anzi temo per la sua vita: sembra scomparso nel nulla.

---

1. **frammenti** : piccole parti.

Cosa succede se il Conte viene ritrovato morto? Chi ci guadagna dall'omicidio di Cecilia e dalla scomparsa di Gualdi?

– ...La Contessa! Ferretti, mi raccomando, domani fai molta attenzione!

– Saprò tenere a bada [1] la Contessa e spero di poter scoprire qualcosa di importante. Ci sentiamo; a domani.

1. **tenere a bada** : controllare, difendersi da qualcuno.

Comprensione

1 Rileggi il testo e indica se le seguenti affermazioni sono vere (V) o false (F).

		V	F
1.	Ferretti incontra il direttore delle scuderie.	☐	☐
2.	Forni afferma che Cecilia gli piaceva molto.	☐	☐
3.	Forni non ha il tempo di parlare con Ferretti e torna subito al lavoro.	☐	☐
4.	Forni entra in casa del Conte per fare una telefonata.	☐	☐
5.	Prima di rientrare in albergo, Ferretti telefona al commissario.	☐	☐
6.	In albergo Ferretti riceve una telefonata dalla Contessa.	☐	☐
7.	La Contessa invita Ferretti a pranzo per l'indomani.	☐	☐
8.	Forni stima molto la Contessa.	☐	☐
9.	Ferretti teme per la vita del Conte.	☐	☐
10.	Ferretti crede che il Conte sia il colpevole del delitto.	☐	☐

2 Indica con una ✗ il significato esatto delle seguenti parole ed espressioni contenute nel capitolo.

1. Essere sulle spalle di qualcuno

    a. ☐ portare in spalla qualcuno

    b. ☐ pesare sulle spalle di qualcuno

    c. ☐ nascondere dietro le spalle

2. Licenziare	**a.** ☐	interrompere un rapporto di lavoro
	b. ☐	offrire un lavoro
	c. ☐	concedere una licenza

3. Perdersi d'animo	**a.** ☐	scoraggiarsi
	b. ☐	dannarsi
	c. ☐	morire

4. Togliere il disturbo	**a.** ☐	dare fastidio
	b. ☐	andarsene
	c. ☐	sconvolgere

5. Prendere in giro	**a.** ☐	trattare qualcuno senza rispetto
	b. ☐	fare una breve vacanza
	c. ☐	prendere un'abitudine

⬭ CELI 2

3 **Indica con una ✗ la lettera corrispondente all'affermazione corretta.**

> Per entrare nella scuola di giornalismo di Perugia, bisogna essere in possesso del titolo di laurea, avere una buona conoscenza dell'inglese e superare un esame specifico che ha luogo presso la scuola stessa.

L'avviso indica

1. ☐ le modalità da rispettare per svolgere la professione di giornalista

2. ☐ il tipo di prova da sostenere per diventare giornalista

3. ☐ le norme che regolano l'ingresso nella scuola di giornalismo

Grammatica

1 Completa le seguenti frasi con i verbi servili *potere, dovere* e *volere* al presente indicativo.

1. – (Tu) .... un caffè? No, grazie. Oggi ne ho già presi quattro.

2. – (Voi) .... fare i compiti prima di uscire.
   – Non ...., abbiamo un appuntamento con gli amici alle due.

3. Se .... vincere la gara, ... allenarti con maggior impegno.

4. – Ti piace il cioccolato?
   – Sì, ma non .... mangiarlo. Sono a dieta.

5. Anna .... iscriversi all'università, ma non sa quale corso di laurea scegliere.

6. .... dire la verità. Sei stato tu a prendere il libro della biblioteca?

7. Se .... iscriverti al concorso, ... pagare una tassa di € 50.

8. – Hai studiato la tua parte a memoria?
   – Non tutta. .... ancora imparare la terza scena.

9. – .... andare tu a prendere Marco all'aeroporto?
   – No, farò tardi; ho una riunione importante in ufficio.

10. Filippo non .... partecipare alla festa, perché ha un forte mal di denti.

CAPITOLO 10

CHE SORPRESA!

L a mattinata di Ferretti trascorre velocemente.

Arriva alla tenuta Gualdi con un po' di anticipo e la Contessa lo accoglie calorosamente: – Mio caro, sono così contenta di vederti. Cosa ne dici, vuoi visitare le mie cantine? So che sei un intenditore [1] di vini e di cibo. Rimarrai incantato. [2]

– Con vero piacere, ma come mai sei venuta tu ad aprire la porta?

1. **intenditore** : persona che se ne intende, conoscitore.
2. **incantato** : stupito, sorpreso.

– Ho mandato la servitù nell'attico di Siena, sai la polizia ha messo tutto in disordine e il maggiordomo di mio marito non può certo fare tutto da solo.

Le cantine della tenuta sono molto grandi e vi sono conservate numerosissime bottiglie di vino di ogni tipo.

La Contessa si rivela un'ottima esperta di vini.

Arrivati in una parte molto antica con le volte [1] molto basse, la donna mostra a Ferretti delle bottiglie da collezione molto vecchie e impolverate.

Ferretti ascolta la Contessa con interesse, ma intanto si guarda intorno e gli frulla [2] un'idea in testa: ecco un ottimo nascondiglio.

– Bene, ora possiamo tornare in sala da pranzo. Mi sono permessa di invitare il direttore delle scuderie, il signor Aldo Forni. Dopo pranzo dobbiamo discutere della vendita di alcuni cavalli. Non ti dispiace, vero?

– No, niente affatto.

Il direttore delle scuderie è già in sala da pranzo, fuma un sigaro guardando annoiato fuori dalla finestra.

Secondo Ferretti l'uomo si comporta come il padrone di casa.

Il pranzo viene servito personalmente dalla Contessa.

1. **volte :**

2. **frulla :** gira.

A tavola la conversazione rimane molto sul vago. [1] Aldo Forni sembra a disagio [2] e anche la Contessa appare nervosa.

Alla fine del pranzo, con la scusa di andare al bagno, Ferretti si allontana dalla sala e torna nelle cantine.

– Voglio dare un'occhiata in giro, qualcosa mi dice che la soluzione del caso si trova da queste parti. – pensa tra sé e sé.

Ferretti attraversa ogni stanza, guardandosi intorno senza notare niente di strano e pensa: – Forse la mia ipotesi è sbagliata!

Sta per tornare di sopra, quando qualcosa di insolito attira la sua attenzione.

In fondo a una parete c'è una scaffalatura [3] con qualcosa di diverso dalle altre.

È pulita e anche le bottiglie sono senza un filo [4] di polvere, mentre ci sono polvere e ragnatele [5] dappertutto.

Ferretti cerca di prenderne una, ma sono incollate ai ripiani e non contengono vino. Spinge da un lato la scaffalatura e si accorge che nasconde una porta. La apre e vede il Conte Gualdi seduto su una branda [6] con le mani e i piedi legati; una debole luce illumina la stanzetta umida e fredda.

---

1. **sul vago** : non tocca argomenti particolari.
2. **a disagio** : non tranquillo.
3. **scaffalatura** : mobile a ripiani.
4. **senza un filo** : assolutamente senza.
5. **ragnatele** :
6. **branda** : lettino pieghevole.

– Mio Dio! – esclama Ferretti – Conte! Cos'è successo, perché è legato?

– Lei chi è! È della polizia? È venuto per salvarmi?

– Sono un giornalista, adesso la libero, poi mi racconterà tutto!

– Mia moglie dov'è? E Aldo? Sono già stati arrestati?

– Mi dispiace, ma da qui non esce nessuno!

Ferretti si gira; dietro di lui ci sono la Contessa e Aldo Forni che impugna una pistola.

– Ferretti sei un ficcanaso [1] e pagherai con la vita la tua curiosità!

Aldo Forni ha un atteggiamento molto minaccioso.

– Così siete stati voi a organizzare tutto. Ma perché?

Ferretti vuole prendere [2] tempo e così fa un sacco di domande; a rispondere ci pensa il Conte:

– Quella giovane, Cecilia, era mia figlia illegittima. [3] Molti anni fa ho avuto una relazione con una donna sposata di Livorno. È nata una bambina che non ho potuto riconoscere, perché la madre me lo ha impedito. Io, però, ho sempre avuto sue notizie e quando, cinque mesi fa, i suoi genitori sono morti, le ho telefonato, poi l'ho incontrata e le ho rivelato la verità sulla sua nascita. Sul principio [4] si è arrabbiata, ma poi

---

1. **ficcanaso** : (fam.) persona che si intromette in cose che non la riguardano.
2. **prendere** : qui, guadagnare.
3. **illegittima** : naturale, non riconosciuta legalmente da uno o da entrambi i genitori.
4. **sul principio** : all'inizio.

ha cominciato a comprendere e a perdonare. Con il tempo speravo di poterla riconoscere: volevo fare testamento in suo favore e lasciarle tutto ciò che possiedo. Ho informato mia moglie, per evitarle di scoprirlo alla mia morte. Volevo creare quella famiglia che non abbiamo mai avuto, ma lei si è molto arrabbiata e insieme ad Aldo, il suo amante, ha tramato [1] l'assassinio di mia figlia, poi mi ha drogato e trascinato in questa cantina. Intendeva uccidermi e ha costruito degli indizi contro di me per spiegare il mio presunto [2] suicidio. Così, come unica erede dei miei beni, poteva dividerli con il suo amico. In questo modo nessuno poteva scoprire l'esistenza di mia figlia.

– Ma sono arrivato io e ora devono eliminare anche me. Come pensate di giustificare la mia morte?

– Ancora non sappiamo! – controbatte [3] il direttore.

– E adesso, Ferretti, farai compagnia a mio marito!

La Contessa non sembra turbata, [4] è fredda e calcolatrice.

Ormai Ferretti è legato e, anche se non lo vuole ammettere, pensa di essere arrivato alla fine dei suoi giorni. La porta si sta chiudendo dietro i prigionieri, quando all'improvviso si sentono delle urla e un colpo di pistola. La porta si riapre ed entra trionfalmente il commissario Maccari:

– Ferretti, come ti hanno legato, sembri un salame!

– Non sono mai stato così contento di vederti! Slegami per

---

1. **ha tramato** : ha organizzato segretamente.
2. **presunto** : ipotetico.
3. **controbatte** : risponde.
4. **turbata** : agitata.

favore. Il Conte è innocente, sua moglie e il suo amante sono gli assassini di Cecilia. Cecilia era la figlia segreta del Conte. Ma dimmi, perché sei venuto qui? Come hai fatto a capire che ero in pericolo?

– Per caso, volevo parlare con il direttore delle scuderie e quando mi hanno detto che si trovava a casa della Contessa, ho avuto un presentimento [1] e sono venuto qui con i miei uomini.

– Benedetto quel presentimento! Ora bisognerà chiamare un'ambulanza, il Conte è piuttosto malconcio. [2]

Qualche attimo dopo essere rientrato in albergo per farsi un bagno caldo, squilla il telefono – ... Capo, ti è piaciuto l'articolo? Sì, me la sono vista brutta, [3] ma il commissario Maccari mi ha salvato la vita. No, non ho bisogno di prendermi qualche giorno di ferie, sto benissimo. Tra l'altro devo fare la cronaca del Palio. Cosa hai detto? Vuoi assegnarmi [4] la cronaca nera? Ci penserò, a patto di poter continuare a scrivere gli articoli sul Palio. Io adoro la cucina senese!

1. **presentimento** : sensazione, anticipata e confusa, della presenza di un pericolo.
2. **malconcio** : in cattive condizioni.
3. **me la sono vista brutta** : (fam.) mi sono trovato in una situazione pericolosa.
4. **assegnarmi** : affidarmi, darmi.

Comprensione

1 **Riordina le frasi seguendo l'ordine cronologico dei fatti raccontati nel capitolo.**

a. ☐ La Contessa fa visitare le cantine di casa a Ferretti.

b. ☐ La Contessa serve direttamente il pranzo che ha cucinato.

c. ☐ Ferretti trova una porta segreta dietro una scaffalatura finta.

d. ☐ Il Conte Gualdi è seduto su una branda con le mani e i piedi legati.

e. ☐ Ferretti arriva alla tenuta in anticipo.

f. ☐ In sala da pranzo Ferretti trova Aldo Forni che fuma il sigaro e si comporta da padrone.

g. ☐ Improvvisamente irrompe nella stanza il Commissario.

h. ☐ La Contessa apre personalmente la porta a Ferretti.

i. ☐ Ferretti finge di andare in bagno per tornare nelle cantine.

l. ☐ Forni e la Contessa sorprendono Ferretti nella stanza in cui è imprigionato il Conte.

2 **Indica con una ✗ il significato delle seguenti parole o espressioni contenute nel capitolo.**

1. Arrivare in anticipo
   - **a.** ☐ arrivare tardi
   - **b.** ☐ arrivare prima dell'orario
   - **c.** ☐ arrivare in orario

2. Senza un filo di polvere
   - **a.** ☐ perfettamente pulito
   - **b.** ☐ con un po' di polvere
   - **c.** ☐ appena impolverato

3. A patto di	**a.** ☐	al posto di
	b. ☐	pur di non
	c. ☐	a condizione di
4. Ferie	**a.** ☐	malattia
	b. ☐	vacanza
	c. ☐	cura
5. Un sacco di	**a.** ☐	poche
	b. ☐	molte
	c. ☐	troppe

Produzione scritta

1 **Immagina le battute del direttore del giornale e completa il seguente dialogo.**

Ferretti: Capo, ti è piaciuto l'articolo?

Direttore: ....

F.: Sì, me la sono vista brutta, ma il commissario Maccari mi ha salvato la vita.

Dir.: ....

F.: No, non ho bisogno di prendermi qualche giorno di ferie, sto benissimo. Tra l'altro devo fare la cronaca del Palio. Cos'hai detto?

Dir.: ....

F.: Vuoi assegnarmi la cronaca nera?

Dir.: ....

F.: Ci penserò, a patto di poter continuare a scrivere gli articoli sul Palio. Io adoro la cucina senese!

Dir.: ....

F.: ....

Dir.: ....

Il Palio di Siena

Le origini

Il Palio nasce nel Medioevo come corsa di cavalli. Allora i nobili correvano in sella ai loro destrieri; [1] successivamente si affidavano le sorti della corsa ai loro ragazzi di stalla, i fantolini (fantini).

Inizialmente si correvano più palii, poi il palio diventa quello dell'Assunta (16 agosto), cui in seguito si è aggiunto quello del 2 luglio.

Il Palio sul Campo di Siena, *G. Zocchi (1739)*

1. **destrieri** : cavalli di qualità.

Le contrade

Le contrade sono piccole città-stato, con un territorio, un popolo, un governo, una sede storica, un museo, un oratorio con funzioni ricreative.

Il capo della contrada è il Priore, il sacerdote è il Correttore. Nei giorni del Palio la massima autorità è il Capitano.

I contradaioli, nativi, geniali (nati fuori contrada da genitori contradaioli) o semplicemente simpatizzanti, devono fare delle offerte e versare delle quote, partecipare cioè attivamente alla vita della contrada.

In passato chi rifiutava doveva pagare una multa di 20 soldi (somma abbastanza elevata). Oggi l'offerta dipende dalle possibilità di ognuno.

Antiche tegole di tetti (mezzane) *restaurate e decorate a mano con i simboli delle contrade*

La lingua del Palio

Il Palio (dal latino "pallium") è il tessuto di seta dipinta o di stoffa preziosa che va in premio ai vincitori della corsa. Ironicamente si chiama anche "cencio" (straccio).

Il sorteggio che assegna i cavalli alle contrade si chiama "tratta". I cavalli si chiamano "barberi"; il "barberesco" è il contradaiolo che ha in consegna il cavallo nei giorni precedenti il Palio. Il cortile del Palazzo Comunale, da cui escono i cavalli il giorno del Palio, è l'"Entrone". I nove cavalli si allineano tra due "canapi" (grosse corde) e l'ultimo cavallo, quello della contrada che parte di rincorsa, si posiziona all'altezza del canapo posteriore. A questo punto il mossiere abbassa il canapo anteriore per dare inizio alla corsa ("mossa").

Il "cavallo scosso" è il cavallo che ha disarcionato il fantino e arriva al traguardo da solo.

Chi corre

Ogni anno corrono il Palio dieci delle diciassette contrade: le sette che non erano in piazza nell'edizione precedente e altre tre che vengono invece estratte a sorte tra le altre. Il sorteggio avviene un mese prima del Palio. Tre giorni prima c'è la "tratta", cioè gli accordi segreti tra le contrade, seguono tre giorni di prove (in totale sei) che terminano la mattina del Palio.

I partiti

I "patti" o alleanze si stringono, come accennato, tra contrade per ostacolare nemici comuni o facilitare la vittoria. Iniziano il giorno della tratta e vanno avanti, in segreto, fino alla mossa. I capitani pagano, con il denaro raccolto, l'illecita collaborazione dei fantini. L'obiettivo è vincere, ma anche la sconfitta della contrada nemica è fonte di gioia.

I fantini

I fantini disponibili veramente abili sono pochi. Devono essere bravi, non troppo pesanti ma forti per dominare il cavallo. Di solito non sono senesi e possono essere sostituiti fino al mattino del Palio. Per loro i senesi nutrono un sentimento d'amore e odio: il fantino può infatti tradire la contrada. I senesi danno loro subito un soprannome; uno dei più famosi è "Aceto".

I cavalli

I cavalli devono avere molte qualità: devono essere calmi, avere prontezza in partenza, facilità di entrare subito in azione, unire alla velocità impetuosa la capacità di ubbidire. Il cavallo deve anche essere intelligente e appassionato. Il cavallo assegnato alla contrada per quel Palio non può essere sostituito neanche se muore.

La terra in piazza

Nei giorni che precedono il Palio, la piazza è ricoperta di tufo.
Per i senesi l'espressione "mettere la terra in Piazza" vuol dire
che inizia un periodo di festa per la città.

La vigilia

Una grande cena, a cui partecipano ospiti e contradaioli, si
svolge per le strade. È un momento di grande attesa e di
speranze.

Tavolata per la grande cena della vigilia

Il giorno del Palio

La giornata si apre con la messa del fantino celebrata dall'arcivescovo.

Nell'oratorio di contrada si dà la benedizione al cavallo.

Il corteo storico, che rievoca la grandezza della Repubblica senese, è composto da quattordici gruppi, circa 600 figuranti vestiti in costumi rinascimentali. Le dieci contrade che partecipano alla corsa accompagnano il barbero, [1] il fantino e il palafreniere. [2] Le altre sfilano senza cavalli e senza fantino. In

ultimo passa il Carroccio: il carro trionfale trainato da buoi, sul quale si trova il Palio.

La sbandierata della vittoria, eseguita dalle diciassette contrade, segna la fine del corteo.

Ingresso del corteo storico
in Piazza del Campo

---

1. **barbero** : cavallo impiegato per correre il palio.
2. **palafreniere** : persona che addestra all'equitazione.

La corsa

I fantini escono dall'Entrone e ricevono il nerbo di bue con il quale colpire il proprio barbero ma anche cavalli e fantini nemici. I giudici stabiliscono, per sorteggio, l'ordine di entrata tra i canapi. Il mossiere chiama così le nove contrade che devono allinearsi; la decima parte di rincorsa. Ci sono posti buoni e cattivi. L'ideale è il decimo posto: dà diritto a entrare di rincorsa; si può così tagliare la strada a quelli che stanno a destra. Il primo posto è buono solo se il secondo fantino è

Corsa

disposto a favorirlo. I posti intermedi sono buoni solo se si hanno vicino degli "amici".

In media, un minuto e venti secondi bastano per percorrere i tre giri della piazza.

Piazza del Campo durante un Palio